L'AN MIL

PAR M. EUGÈNE MORDRET

(Extrait de la REVUE CONTEMPORAINE, liv. du 31 mai.)

PARIS,

BUREAU DE LA REVUE CONTEMPORAINE,
RUE DE CHOISEUL, 21.

1854.

LA REVUE CONTEMPORAINE

Paraît les 15 et 30 de chaque mois par livraisons de dix ou onze feuilles d'impression, et forme, tous les deux mois, un volume de 640 à 672 pages. — Le prix de l'abonnement est de :

PARIS....... Un An, **44** fr. — Six Mois, **23** fr. — Trois Mois, **12** fr.
DÉPARTEMENTS. Un An, **48** fr. — Six Mois, **25** fr. — Trois Mois, **13** fr.
ÉTRANGER.... Comme les Départements, surtaxe en sus.

Les DOUZE VOLUMES PARUS, collection complète, 88 francs, port en sus.

On s'abonne, pour la France, chez tous les Libraires et dans les bureaux des Messageries.

LA REVUE CONTEMPORAINE

PUBLIERA DANS LE COURANT DE L'ANNÉE 1854 :

ARCHÉOLOGIE, BEAUX-ARTS ET ESTHÉTIQUE.

ADAM (ADOLPHE), de l'Institut : *Les Compositeurs anciens* (suite) : II. Monsigny. — A. DE CALONNE : *L'Architecture militaire au moyen-âge; l'Art contemporain en Belgique; Revue des théâtres et des arts.* — Comte ADOLPHE DE CIRCOURT : *Les Antiquités des deux Amériques.* — HALÉVY, de l'Institut : *Études musicales.* — LÉON KREUTZER : *Les Compositeurs contemporains* : II. Berlioz; *Revue musicale.* — DE SAULCY, membre de l'Institut : *Études sur l'art judaïque* (suite). — VINET (ERNEST) : *Des Rapports entre les arts et les littératures.*

BIBLIOGRAPHIE.

L. C. DE BELLEVAL; — Comte FRANÇOIS DE BOURGOING; — Comte DE CARAMAN; — PHILARÈTE CHASLES, professeur au Collège de France; — Comte ADOLPHE DE CIRCOURT; — Comte ALBERT DE CIRCOURT; — Baron DESMOUSSEAUX DE GIVRE; — Dr FAIVRE; — LÉON FEUGÈRE; — LERMINIER, ancien professeur au Collège de France; — X. MARMIER; — EDELESTAND DU MÉRIL; — ALFRED MICHIELS; — ALFRED NETTEMENT; — PAULIN PARIS, de l'Institut; — ADOLPHE DE PUIBUSQUE; — RATHERY, bibliothécaire du Louvre. — *Une série d'articles sur les publications de tous genres.*

CRITIQUE ET BIOGRAPHIE.

Comte ARTHUR BEUGNOT : *Mémoires et Correspondance du Roi Joseph.* — Comte FRANÇOIS DE BOURGOING : *Les Mémoires de sir Hudson Lowe.* — E. CARO : *Les Mystiques du XVIIIe siècle : Swedenborg, Mesmer, Cagliostro, etc.; Études morales sur le XIXe siècle :* II. *Le Sensualisme dans la littérature.* — Baron DESMOUSSEAUX DE GIVRE : *Histoire de la Convention,* de M. de Barante (suite). — Baron DROUILHET DE SIGALAS : *Études de littérature et d'histoire méridionales.* — EGGER : *La Symbolique,* de Kreutzer. — LERMINIER, ancien professeur au Collège de France : *Lettres critiques sur la Littérature contemporaine; la Littérature allemande.* — A. LIREUX : *Physionomies diverses de ce temps.* — P. MÉRIMÉE, de l'Académie française : *Étude sur lord Byron.* — ALFRED MICHIELS : *Essais sur les livres oubliés.* — ALFRED NETTEMENT : *Histoire du Consulat et de l'Empire,* de M. Thiers; *Jacques Cœur et Colbert,* de M. P. Clément. — PAULIN PARIS, de l'Institut : *Études sur la Littérature française du moyen-âge.* — Comte ARMAND DE PONTMARTIN :

L'AN MIL

> Œstimabatur enim ordo temporum,
> præterita moderans ab initio secula,
> in chaos decidisse perpetuum atque
> humani generis interitum.
> (RADULF GLABER.)

A SÉRAPHIN CAUET

(*Memoria d'amicizia.*)

PERSONNAGES :

FOULQUES-NERRA, comte d'Anjou.
THEUDON, serf.
MAHAUT, femme de Theudon.
BERTHA, sa fille.
KARL.
HELGAU } ses enfants.

OGER, ménestrel.
L'ABBÉ d'un monastère.
LE PRIEUR.
UN JUIF.
UN CRIEUR DE NUIT.
MOINES, SERFS, HOMMES D'ARMES.

(La scène est dans une bourgade de l'Anjou, le dernier jour (*Samedi-Saint*) de l'année 999.)

CHANT I.

LA VEILLÉE.

La cabane d'un serf, près d'une rue. THEUDON et sa famille dans la cabane, puis FOULQUES-NERRA.

LE CRIEUR DE NUIT, dans la rue.

Couvrez le feu ! la nuit s'avance !
Serfs et vilains, couvrez le feu !
En vos maisons faites silence
　　Et priez Dieu !

Voici venir l'heure dernière !
    A Dieu le Père
        Criez merci !
La nuit s'abat, la foudre gronde ;
Couvrez le feu, frères, voici
    La fin du monde !

THEUDON, dans la cabane.

Qui frappe ?

FOULQUES, dans la rue.

Un misérable, un pèlerin.

THEUDON.

Ton nom ?

FOULQUES.

Mon nom de trop de sang fut souillé sur la terre,
Et j'en rougis...

THEUDON.

Ton nom ?

FOULQUES.

Vous le voulez ?... Theudon,
Je suis Foulques-Nerra...

THEUDON.

Toi dans notre maison !
Toi le comte maudit, Foulques, par qui mon père
Là, devant cette porte, est mort sous le bâton !
Ma faux, enfants, ma faux ! Je le tuerai !

FOULQUES.

Mon frère,
Je venais en ces lieux vous prier à genoux,
Vous prier humblement de me rendre mes coups ;
Je suis un pèlerin ; je viens de Palestine ;
Frappez : voici ma tête et voici ma poitrine :
Mon fardeau sera moindre à porter chez les morts,
Si vous daignez frapper ce misérable corps.
L'an mil est arrivé, frères ; l'heure est sonnée ;
Voici le dernier soir de la dernière année ;
L'an mil est accompli ; Satan rompt ses liens :
Satan rôde dans l'ombre et vient compter les siens.
Or frappez, mes enfants ; hâtez-vous : le temps passe :
Le monde va finir !

THEUDON.

Monseigneur, pardonnez !
Pardonnez ! J'étais fou, mon cher comte : venez !
Devant notre foyer asseyez-vous, de grâce :
Notre fille Bertha vous lavera les pieds.

Pardon, si devant vous j'ai senti de la haine ;
De la haine, mon Dieu ! quand nous allons mourir !

FOULQUES.

Frère, votre bon cœur adoucira ma peine.

MAHAUT.

Entrez, mon bon seigneur ! le monde va finir !

FOULQUES.

J'ai dans la Terre-Sainte entendu la trompette
De l'ange du Très-Haut qui s'en vient nous quérir.

MAHAUT.

Déjà dans son chemin le Juif-Errant s'arrête :
On l'a vu près d'Angers ; — le monde va finir !

FOULQUES.

Voici le dernier jour : le jugement s'apprête !

KARL.

Maman, j'ai peur.

HELGAU.

    Maman, qu'est-ce, le dernier jour ?

MAHAUT.

Enfants, allez dormir ! allez !

FOULQUES.

    A mon retour,
J'avais hâte d'entrer, frère, en votre demeure ;
Le mauvais ouvrier vient à la douzième heure :
Bienheureux quand Jésus l'accueille avec amour !
C'est par moi que le joug a pesé sur vos têtes,
Enfants ; il est bien tard pour vous payer mes dettes ;
Mais Dieu connaît ma honte et voit mon repentir :
Soyez libres !

THEUDON.

    Mon Dieu ! Libre, et je vais mourir !
Libre, mon Dieu ! moi libre !... Ah ! plutôt, noble comte,
Redoublez, s'il se peut, mon servage et ma honte ;
Rivez-moi pour jamais au joug de la douleur,
Mais faites que je vive, ô mon noble seigneur !
Je n'ai jamais connu que souffrance et misère :
Je fus vendu tout jeune au comte votre père ;
Et depuis ce temps-là, sur la glèbe d'Anjou
J'ai langui, pauvre serf, le collier sur le cou ;
Je vivais sous vos pieds comme un chien à la chaîne ;
Je me cassais les reins à labourer la plaine ;

Et, voyez-vous, Messire, à la chaleur du jour,
Le sillon était dur et le soc était lourd ;
Je voyais bien souvent les seigneurs et leurs bandes
Batailler au travers des moissons déjà grandes,
Et les forts destriers tout cuirassés de fer
Hacher les foins nouveaux ou manger le blé vert ;
Même dans les bons temps, dans les belles années,
La besogne était rude, et longues les journées :
J'ai sué tout le sang de mon corps, et pourtant
Je me plaisais au monde, et je pleure en partant !
Quand je rentrais le soir, au bout de mes corvées,
Là-bas, près de l'église, au tournant des cavées,
Quand je rentrais le soir en piquant mes grands bœufs,
Plus brisé de fatigue et plus affamé qu'eux,
J'apercevais de loin mon feu de feuille morte,
Et mes petits enfants sur le bord de la porte,
Qui, me voyant venir, se cachaient tout à coup
Pour me guetter dans l'ombre et me sauter au cou ;
J'étais heureux : j'entrais, je contais les nouvelles ;
Puis, la mère Mahaut remplissait nos écuelles,
Et c'était, mon cher comte, un plaisir de les voir
Se jeter sur la soupe et manger le pain noir !
Rien qu'à les regarder rire la bouche pleine,
Je n'avais plus ni faim, ni fatigue, ni peine :
Je restais, voyez-vous, des heures devant eux,
A les voir s'endormir comme des bienheureux...
Ah ! Monseigneur, allez, redoublez mon servage,
Accablez-moi de coups, écrasez-moi d'ouvrage.
Raillez-moi sans merci, chargez-moi de liens,
Mettez-moi sur la paille au milieu de vos chiens,
Faites-moi battre l'eau durant ma vie entière,
Mais dites au bon Dieu qu'il me laisse sur terre
Avec mon petit Karl, et mon petit Helgau,
Et le dernier venu qui sommeille au berceau !

MAHAUT.

Petit enfant à tête blonde,
La vie est dure au pauvre monde
En nos etats !
Esclave ou non, ta vieille mère
Pour tout soutien n'aurait sur terre
Que ses deux bras ;

La vie est dure : autant qu'on meure !
Mais, doux petit, pourtant je pleure
En la quittant ;
Moi qui n'ai fiefs ni beau domaine,
Je perds autant comme la Reine :
Je t'aimais tant !

L'AN MIL.

Je me croyais, moi pauvre femme,
Tout aussi riche que madame
    En son château;
Au grand jamais dans le village
Je n'ai connu d'enfant si sage,
    Ni d'aussi beau!

Comme sa mine est éveillée!
Il grandit comme la feuillée
    Au renouveau;
L'autre matin, sans qu'on le porte,
Il est allé de notre porte
    A son berceau.

Avec l'épargne de son père
Il aurait eu son coin de terre
    Et sa maison;
J'aurais filé dimanche et fête,
Tant qu'il eût pu dresser la tête
    Comme un baron.

Il eût été rude à l'ouvrage;
Notre seigneur de son servage
    L'a délié : —
Jésus! mourir en ce doux âge,
Oh! n'est-ce pas trop grand dommage,
    Et grand'pitié!

BERTHA.

Et moi, qui chérissais tout ce qui m'environne,
Moi qui chantais toujours, et que jamais personne
    N'eut le cœur de haïr.
Oh! vous ne savez pas comme j'aimais la vie!
J'ai dix-huit ans d'hier, bonne vierge Marie,
    Et je m'en vais mourir!

Un soir, Oger m'a dit en passant sur la lande :
A tes parents, Bertha, si je fais ma demande,
    Dis, le voudras-tu bien?
Sa voix tremblait, tremblait; et moi, toute inquiète,
Je me sentis faillir et je baissai la tête,
    Et ne répondis rien;

Je restai tout le soir sur la lande mouillée :
Chaque souffle du vent qui troublait la feuillée
    Faisait battre mon cœur,
Et j'allais me disant: « Comme la vie est belle!
Combien jusqu'à la mort peut-on goûter en elle
    De joie et de bonheur!»

Oh ! je ne pouvais pas m'empêcher d'être heureuse !
Et pourtant je pleurais ; j'étais comme honteuse
    Rien qu'au bruit de mes pas ;
Je tremblais, en marchant, qu'il ne vînt me surprendre,
Et je voulais le voir, et je croyais l'entendre
    Qui me parlait tout bas.

Devant notre chaumière il a posé dimanche
Un bouquet verdoyant de buis et de pervenche
    Qui venait de fleurir ;
Les champs sont reverdis et la forêt embaume :
L'hirondelle frétille autour des toits de chaume,
    Et moi, je vais mourir !

KARL.

Venez, mère, venez !

MAHAUT.

Qu'as-tu, mon petit !

KARL.

                                  Mère,
C'est lui qui m'a battu : punissez-le.

HELGAU.

                             Pourquoi
M'as-tu pris le cerceau que m'avait fait mon père ?

KARL.

Il l'avait fait pour moi.

HELGAU.

                       Tu mens : c'était pour moi !

THEUDON.

Taisez-vous, mes enfants, je vais en faire un autre :
Vous pourrez, dès demain, garder chacun le vôtre.

KARL.

Mon père, n'est-ce pas, le mien sera plus beau ?

THEUDON.

Oui.

KARL.

    Nous conduirez-vous demain chez nos marraines,
Pour leur faire visite et gagner nos étrennes ?
Vous savez, l'an dernier, qu'elles m'ont fait cadeau
D'une musette en buis pour chanter dans les traînes :
Si je pouvais, demain, rapporter un bel arc
Pour chasser avec vous les oiseaux dans le parc !

HELGAU.

Père, connaissez-vous le compliment de fête
Que j'ai, pour vous le dire, appris l'autre matin?
Je le sais bien, allez! « Père, je vous souhaite,
En ce jour bienheureux, une santé parfaite,
Une félicité sans mesure et sans fin,
De longs jours... » Mais d'où vient, ma mère, qu'il soupire,
Et cache, en m'écoutant, ses deux yeux dans sa main?
Est-ce le compliment que je viens de lui dire?

THEUDON.

Laisse-nous, mon petit, tu le diras demain.

FOULQUES.

Heureux! ils s'en iront dans les limbes tranquilles,
Où d'un calme sommeil dorment les innocents!
Et moi, tout accablé de remords inutiles,
Qui sait, mes bons amis, qui sait où je descends?
Ecoutez-moi : — Jadis, par une nuit obscure,
Au fond d'une forêt j'aperçus un guerrier
Qui, sa lance à la main, semblait me défier.
Je l'attaquai; son fer effleura mon armure;
Je me sentis faillir et vidai l'étrier;
Sa visière luisait comme les cieux d'orage;
Sur ma gorge tremblante il posa son genou :
— Foulques-Nerra, dit-il, tu vas me faire hommage,
Pour tes champs, ton manoir et ta comté d'Anjou! —
Quand je touchai ses mains, en foi de vasselage,
Je les sentis brûler sous ses durs gantelets;
Mais lui : — Foulques-Nerra, tu vas me faire hommage
Pour ton âme... — J'eus peur, j'obéis. Je tremblais;
Des feux autour de moi voltigeaient sur un gouffre;
Sur un destrier noir il m'emporta dans l'air;
Puis je vis un donjon sur le bord de la mer :
Des serfs dans les fossés battaient des flots de soufre;
Des herses flamboyaient sous les portes de fer.
Un fantôme parut sur les tours en ruine,
Puis, plus rien... j'étais seul. — La nuit, lorsque je dors,
Je sens comme un genou qui serre ma poitrine;
Mon lit, comme une trappe, enfonce sous mon corps;
Je m'affaisse dans l'ombre, et je roule, je roule,
Et partout, en tombant, ce sont des cris humains,
Des frissonnements d'aile et des spectres en foule,
Des serpents dont le corps froid et souple m'enroule,
Des ongles recourbés qui m'accrochent les reins;
Puis des ruisseaux de flamme, une large fournaise,

Des chaudières de cuivre où se tordent des corps,
Des grils chargés de chair qui grincent dans la braise ;
Et lui, sa fourche au poing, lui, tout rugissant d'aise,
Qui me dit : Rends hommage au suzerain des morts !

LE CRIEUR DE NUIT.

Il est minuit, Dieu va nous prendre
L'année expire en ce moment ;
Dans l'église allez tous attendre
    Le jugement !
Il est minuit, frères, votre âme
    Est en péril !
Il est minuit : voici l'an Mil !
Prions Jésus et Notre-Dame :
    Ainsi soit-il !

CHANT II.

LA NUIT.

(Une église romane avec une crypte. — Tous les personnages à genoux. — Une tempête au dehors.)

CHŒUR DE MOINES.

Jour de tourment ! jour de colère !
Où l'Univers tombe en poussière,
Où rien n'est debout sur la terre,
Que la croix où Christ expira !
Quels cris à l'heure des vengeances !
Quel frisson sous les cieux immenses,
Quand le maître aux rudes sentences
Parmi les tonnerres viendra !

LE PRIEUR DU COUVENT.

Frères, entendez-vous la tempête qui gronde ?
Entendez-vous mugir la forêt qui se tord
Sous les vents déchaînés par les bras du Dieu fort ?
Entendez-vous craquer les fondements du monde ?
La terre se débat comme une moribonde
Qui râle, abandonnée aux affres de la mort !
L'ange exterminateur plane dans le ciel sombre ;
Satan, comme un larron, vous guette dans la nuit ;
Vous, vous pleurez la vie, et vous regrettez l'ombre
Du monde qui s'écroule et du temps qui s'enfuit !
N'avez-vous point assez, dans cette vie amère,

Mangé le pain d'angoisse et bu l'eau de misère,
Et vous faut-il encore un siècle de tourments ?
Oh! n'est-ce pas assez que l'horreur de la guerre
Vous ait si longuement fait pâtir, pauvres gens ?
Que soudarts et routiers pillent votre chaumière ?
Que vos plus saints autels aient, depuis deux cents ans,
Servi de rateliers aux chevaux des Normands ?
Qu'on vous ait rendus serfs et cloués à la terre ?
Qu'on vous taille à merci ? que tout comte ou baron
Dans votre flanc qui saigne enfonce l'éperon ?
Oh! n'est-ce point assez qu'envoyés par le diable,
L'épouvantable peste et le mal des Ardents
Vous rongent ? que la faim, l'âpre faim vous accable ?
Que vous ayez trois ans mordu des pains de sable
Et des lambeaux de morts qui saignaient sous vos dents ?
Que des Juifs au marché vendent la chair humaine ?
Et pour s'en assouvir égorgent dans les champs
Les pauvres pèlerins et les petits enfans ?
Que le loup, à midi, dans vos fermes s'en vienne
Pour déchirer les morts et flairer les mourants ?
Combien, cœurs endurcis, vous faut-il de naufrages
Pour aspirer au calme et souhaiter un port ?
Frères, voici la mort, terme des longs orages,
La mort, abri du juste et refuge du fort !
Hosanna ! hosanna ! voici la fin des âges !
Hosanna ! hosanna ! frères, voici la mort !

L'ABBÉ.

Le néant ouvre ses abîmes,
L'ange de Dieu vient sur les cîmes :
A haute voix disons nos crimes
Devant celui qui voit les cœurs !
Plus de répit, plus d'espérance !
A genoux, frères ! Pénitence !
Devant le juge qui s'avance,
Confessez-vous, pauvres pêcheurs !

LE CHŒUR.

Je me confesse à Dieu le père,
Au doux Jésus qui vint sur terre,
A la bonne Vierge, sa mère,
A saint Michel, à tous les saints ;
D'effroi mes lèvres sont glacées,
Car j'ai péché par mes pensées,
Par mes paroles insensées,
Et par les œuvres de mes mains !

FOULQUES-NERRA.

Mes frères, à vos pieds je viens baiser la terre,
Car ma coulpe fut grande et grande ma misère.
D'où vient que devant Dieu je tremble garrotté
Dans les liens pesants de mon iniquité.
J'ai fait traîtreusement expirer mes deux femmes,
Yolande sous mes coups et Biétrix dans les flammes;
J'ai voulu que mon fils, le vicomte Geoffroy,
La selle sur le dos, vînt ramper devant moi,
Et, sous l'œil des vassaux, baisât dans la poussière
Le fer que j'enfonçai dans le cœur de sa mère;
J'ai brûlé dans Nevers un cloître consacré
A très noble seigneur messire saint André;
J'ai rançonné saint George et pillé saint Antoine;
J'ai pris le sou du pauvre et le denier du moine;
On m'a vu, comme un loup, m'embusquer dans les champs
Pour détrousser, la nuit, pèlerins et marchands,
Et tenir, en chantant, quelque Juif à la gêne
Pendu par les deux poings sous les branches d'un chêne,
Si bien qu'il assouvît ma soif de sang et d'or,
Et jurât de me dire où gisait son trésor.
J'ai fait mourir de faim au fond des oubliettes
Vingt braconniers; un jour, las de chasser les bêtes,
J'ai, sonnant de la trompe et découplant mes chiens,
Traqué, comme chevreuils, des hommes, des chrétiens;
Et, lorsque de leur sang la meute eut fait curée,
J'ai cloué leurs débris à ma porte d'entrée;
J'ai broyé tout l'Anjou sous mon talon de fer,
Et, cédant comme un bouc aux fureurs de ma chair,
J'ai séduit méchamment les nonnes abusées;
J'ai pris aux paysans leurs pauvres épousées
Qui souvent succombaient aux horreurs de la nuit,
Et mouraient d'épouvante au sortir de mon lit.
Telle fut ici-bas l'abominable vie
De Foulques le félon, le scélérat, l'impie;
De Foulques l'assassin, de Foulques l'égorgeur,
Qui pleure anéanti sous le pied du Seigneur.

THEUDON.

Frères, c'était l'année où le Pape de Rome
Jeta son interdit sur la terre et sur l'homme;
Ce temps, vous le savez, fut rude aux pauvres gens :
Nous ne voulûmes point ensemencer nos champs,
Sachant que le bon Dieu, dans ces jours d'anathème,
Sèche dans le sillon tout le grain qu'on y sème.
Donc, sitôt que le sol fut excommunié,
La famine nous prit, et ce fut grand pitié,

Or, un soir, je rongeais devant notre chaumière
Un pain noir comme l'encre et dur comme la pierre;
Les petits m'arrachaient les morceaux de la main,
Et ma femme disait : « C'est notre dernier pain; » —
Quand le comte d'alors, Geoffroy Grisegonelle,
Passant devant la porte avec sa damoiselle,
Prit ce pain desséché, notre dernier soutien,
Et fut en ricanant le donner à son chien.
La colère brûlait mon cœur gonflé de larmes,
Et, moi qui ne pouvais le provoquer en armes,
Moi qui n'étais seigneur, ni comte, ni guerrier,
Je courus dans les bois consulter un sorcier
Qui pétrit à la hâte une image de cire,
Suivant l'air et les traits de Geoffroy notre sire.
Lorsque minuit sonna, j'allai dans ma fureur
Y planter une aiguille à la place du cœur.
Or, Satan m'écouta; car le comte, mon maître,
Défaillit la nuit même et voulut voir un prêtre;
Mais nul clerc ne voulait, dans ce malheureux temps,
Apporter l'huile sainte et l'hostie aux mourants;
Si bien que sans prière, à son heure suprême,
Il s'en fut tristement où je m'en vais moi-même,
Et mourut sous le poids de son péché mortel.
Dieu veuille le sauver de l'enfer éternel!
Frères, voilà mon crime, et j'en fais pénitence :
J'ai manqué vilement, par colère et vengeance,
Au respect que tout serf doit garder dans son cœur
Pour son très honorable et très noble seigneur.

BERTHA.

Mère, bénissez-moi! je tremble et je soupire;
Mes péchés furent grands, et je veux vous les dire,
  Mais à vous seulement :
— C'était la Fête-Dieu : dans la grande cavée,
J'allais sur le midi répandre la pavée
  Pour le Saint-Sacrement;

Je marchais, secouant mon tablier des fêtes,
Rempli de boutons d'or et de marguerillettes;
  Il s'en vint pas à pas,
Il me prit quelques fleurs que je n'osai reprendre;
Puis me baisa les mains : j'aurais dû me défendre,
  Et je ne pouvais pas;

Les oiseaux réjouis babillaient dans la plaine :
Nous restâmes tous deux, mes deux mains dans la sienne,
  A nous causer ainsi.
J'étais folle de joie et comme ensorcelée :
L'office s'écoula sans que j'y fusse allée,
  Dont j'ai bien du souci.

Il m'apprit deux chansons, mais si belles! si belles!
En tournant mon rouet, je ne chante plus qu'elles;
   Je les dis jour et nuit!
J'en eus, voyez-vous bien, pour toute une semaine
A me conter tout bas, en dévidant ma laine,
   Tout ce qu'il m'avait dit.

Oh! je sais que c'est mal, et sans cesse j'y pense!
J'ai de lui dans mon cœur comme une ressemblance
   Que je traîne en tout lieu;
Car je l'aime, je l'aime, autant que ciel et terre,
Autant que mon salut, autant que vous, ma mère,
   Autant que le bon Dieu!

Que la Vierge et les saints pardonnent mon offense!
Il m'a pris deux baisers l'autre jour à la danse,
   Et je vous l'ai caché.
Il m'a dit : M'aimez-vous? — Et j'ai dit : Je vous aime! —
Mère, bénissez-moi dans ce moment suprême;
   Car j'ai beaucoup péché.

L'ABBÉ.

Frères, j'ai suivi Jean, le Pape de Sodôme,
Quand, usurpant les clés du céleste royaume,
Il vint le casque en tête et les pieds dans le sang;
J'ai pendant tout un jour égorgé dans la rue;
J'ai manié la hache et brandi la massue;
— Apportez une lance et me percez le flanc!

J'étais auprès de Jean dans la fête effroyable
Où Léon, son rival, égorgé sous la table,
Expira sous les pieds des ministres du ciel;
J'ai dans le Vatican, parmi les courtisanes,
Bu les vins d'Italie, au bruit des chants profanes;
— Frères abreuvez-moi de vinaigre et de fiel!

Moi, vassal de Jésus, moi, serviteur indigne,
J'ai dîmé sans pudeur le froment et la vigne;
J'ai bu le meilleur sang de mes pauvres vassaux;
J'ai sous mon rude joug ployé tout un village :
— Mes frères, qui viendra me frapper au visage,
Et placer dans mes mains le sceptre de roseaux?

J'ai bu comme un soudart le vin de la luxure;
J'ai satisfait sans frein ma convoitise impure;
J'ai rêvé sous le froc des voluptés d'enfer;
J'ai dans le cloître saint nourri des concubines :
— Oh! qui m'apportera la couronne d'épines
Pour déchirer ma tête et dépouiller ma chair?

LE CHŒUR.

Je me confesse à Dieu le Père,
Au doux Jésus qui vint sur terre,
A la bonne Vierge sa mère,
A saint Michel, à tous les saints;
D'effroi mes lèvres sont glacées;
Car j'ai péché par mes pensées,
Par mes paroles insensées,
Et par les œuvres de mes mains.

UN JUIF.

Taisez-vous, Philistins! Moabites infâmes,
Lépreux incirconcis, taisez-vous! taisez-vous!
A quoi bon mettre à nu l'opprobre de vos âmes?
Espérez-vous que Dieu vous pardonne les coups
Que vos bras criminels ont fait tomber sur nous?
Depuis quatre cents ans vous répandez sans trêve
La désolation dans le camp d'Israël;
Sur les douze tribus vous levez votre glaive;
Vous versez notre sang comme le sang d'Abel;
Vous volez lâchement notre bœuf et notre âne;
Vous brisez dans nos mains les tables de la loi;
Vous avez.....

L'ABBÉ.

Sus au Juif, peuple! sus au profane!

FOULQUES.

Sus, sus au mécréant!

LE JUIF.

Tais-toi, Caïn, tais-toi!

FOULQUES, tirant l'épée.

Meurs, Juif!

LE JUIF.

Tu veux frapper, quand le ciel te condamne!
Va, Jéhu! ta main tremble en se levant sur moi.
— A genoux, race impie! écoutez le tonnerre!
La terre ouvre pour vous ses noires profondeurs
Comme pour Abiron et les murmurateurs!

FOULQUES.

Mon frère, laissez-nous veiller dans la prière,
Et dévoiler à Dieu la honte de nos cœurs....

LE JUIF.

Ah! vous penchez vos fronts! vous baisez la poussière!
Vous voici devant moi confondus et tremblants!
Écoute, Chanaan, je n'ai pu sur la pierre
Écraser tes enfants et tes petits enfants!

Je n'ai pu me venger ! Je n'ai pu, peuple immonde,
Faire lécher aux chiens la trace de ton sang ;
Je n'ai pu disperser aux quatre coins du monde
Ta cendre scélérate abandonnée au vent.
Mais je te vois en pleurs, courbé devant la foudre
Qui hérisse d'effroi tout le poil de ton corps,
Et je dis dans mon cœur : « Le veau d'or est en poudre,
Et voilà Bélial qui descend chez les morts ! »
Oh ! je te dis Raca ! pour mon père et ma mère
Qu'on a sur le gibet pendus entre deux chiens,
Pour tous ceux de ma loi qui parcourent la terre
Et pleurent sous le joug des Babyloniens,
Pour Jehovah, mon Dieu, que ta bouche blasphème,
Pour le sang d'Israël et les pleurs de Sion,
Oh ! je te dis Raca ! je te crie anathème !
Et toi, comme le fach saisi par un lion,
Tu rampes sous mes pieds et tu n'oses pas même
Te dresser un moment pour me mordre au talon !

(Les moines descendent dans la crypte.)

LE CHŒUR, *sous terre*.

J'ai crié vers mon Dieu du fond de ma misère
Seigneur, mon bon Seigneur, écoutez ma prière !

Accueillez doucement ma plaintive oraison ;
Accordez-moi, Seigneur, indulgence et pardon !

OGER, à voix basse.

Laissons-les s'enfoncer dans le souterrain sombre,
Bertha, mon doux amour, ne les écoutons pas !
Ils ont beau bégayer leurs complaintes dans l'ombre,
Et battre les pavés de leur front pâle et ras,
Ils ont beau frissonner sous leurs capes de bure,
Et ployer sous leur crainte et ramper à genoux,
Moi je sens que je t'aime, ô douce créature,
Et que la froide mort n'es pas faite pour nous !
Sur ton front seulement que mon regard se pose,
Que ta robe de lin vienne toucher mon bras,
Et je sens, ma Bertha, je sens la quelque chose
Qui bat dans ma poitrine et me dit : tu vivras !
Oh oui ! je compte vivre, o ma blonde maîtresse,
Vivre pour t'adorer, vivre pour te chérir !
Et quand l'ange de Dieu qu'ils évoquent sans cesse,
Sa trompette à la main, viendrait pour me quérir,
Je dresserais encore mon front plein de jeunesse
Pour crier que je t'aime et ne veux pas mourir !

LE CHŒUR.

De nos iniquités si vous faites le compte !
Qui pourra, mon Seigneur vous regarder sans honte ?

Vous êtes pitoyable aux remords du pêcheur,
Et suivant votre loi j'espère en vous, Seigneur !

OGER.

Tu mourrais, toi, Bertha ! dont la blonde jeunesse
Fleurit dans sa candeur et sa sérénité,
Toi que partout l'espoir environne et caresse,
Toi pour qui toute chose est comme une promesse,
Toi dont le front charmant rayonne de gaîté,
Dont la voix est un chant, dont les pas ont des ailes,
Toi, le rire et l'amour de ta pauvre maison,
Toi, pieuse Bertha, belle entre les plus belles,
Quand, joignant tes deux mains et baissant tes prunelles,
Tu viens à deux genoux dire ton oraison !
Toi qu'un ange du ciel en tous lieux accompagne,
Qui ne sait même point ce qu'on nomme le mal !
Toi plus douce qu'Emma, fille de Charlemagne,
Et plus fraîche qu'Argine en son toit de cristal !
Ah ! si toute jeunesse et si toute innocence
Sont chères au Seigneur et savent le fléchir,
S'il voit d'un cœur aimant et d'un œil de clémence
Ce qu'il fit de plus doux en sa toute-puissance,
Bertha, sainte Bertha, tu ne dois pas mourir !

LE CHŒUR.

Mon âme se confie en sa parole sainte ;
J'espère en mon Seigneur et je l'attends sans crainte ;

Depuis l'aube du jour jusques au couvre-feu,
La maison d'Israël espère dans son Dieu.

OGER.

Tu pleures, ma Bertha ! sous les coups du tonnerre
Tu pleures l'univers que Dieu livre au tombeau !
Bertha, ne sais-tu pas que le gai renouveau
Partout vient resplendir et chanter sur la terre,
Que la plaine sourit sous la chaude lumière
Comme une châtelaine en son riche manteau ?
Que le monde joyeux reverdit dans sa force ?
Que le sol fécondé s'ouvre aux germes éclos ?
Que la main du bon Dieu fait déborder à flots
Les rayons dans les cieux, la sève sous l'écorce,
Et l'ivresse de vivre au cœur des animaux ?
Est-ce donc pour la mort et pour la sépulture,
Que le flanc vigoureux de la riche nature

Palpite, éblouissant de vie et de couleur ?
Qu'une race d'oiseaux croît sous l'ample verdure ?
Que mille êtres naissants poussent un long murmure
Dans les bois chevelus et les plaines en fleur ?
Ah ! devant l'herbe tendre et la pousse nouvelle,
Devant le froment vert dont l'épi va s'ouvrir,
En face des buissons qui viennent de fleurir,
En face du chevreau qui sautille et qui bêle,
Bertha, ne sens-tu pas que la nature est belle,
Que la nature est jeune et ne veut pas mourir ?

LE CHŒUR.

Sa droite est secourable et son cœur débonnaire :
Il fait miséricorde aux crimes de la terre,

Et c'est lui dont le fils délivrera Sion
Qui languit dans le trouble et dans l'affliction.

CHANT III.

LE LENDEMAIN.

(Une place près de l'église. — Des cabanes de serfs tout autour. — Les moines en procession, chantant).

LE CHŒUR.

Le Dieu d'amour et de bonté,
Le Seigneur est ressuscité,
   Garçons et bachelettes ! —
Donc, Madelaine et Salomé,
Pour oindre son corps embaumé
   Allaient, penchant leurs têtes ;

Pierre et saint Jean, tous deux en noir,
Venaient aussi pour le revoir
   Etendu sous la pierre ;
Et Jean marchait si promptement
Qu'il atteignit au monument
   Plus vite que saint Pierre.

Un ange vêtu de clarté,
Leur dit : — Il est ressuscité !
   Le Seigneur est sur terre !
Lors vint Jésus, courtois et doux,
Disant : — La paix soit avec vous,
   Les bénis de mon père ! —

THEUDON, ouvrant sa cabane.

Noël ! Noël !

UN AUTRE, de même.

Noël !

UN AUTRE.

Alléluia !

UN AUTRE.

Noël !

MAHAUT, regardant ses enfants.

Tous en vie, ô mon Dieu !

OGER.

Ma Bertha ! le beau ciel !
Toujours, comme autrefois, le jour et la verdure !
Toujours le beau soleil et la belle nature !

BERTHA.

Noël !

OGER.

Tout reparaît, tout brille, tout revit !

THEUDON.

Le bon Dieu, tout de même, est meilleur qu'on ne dit !

MAHAUT.

Oh ! le contentement me coupe la parole !
Je ne sais ce que j'ai, je vais comme une folle ;
Quand je pense, mon Dieu, que je verrai toujours
Mes chers petits enfants, mes trésors, mes amours !...
Venez, là, devant moi, venez, que je vous voie,
Que je vous baise !... Encore !... Ah ! j'en pleure de joie !
Mon Helgau ! ma Bertha ! mes chers petits enfants !
Non ! je ne me sens plus, voyez-vous ! J'ai vingt ans !
Je veux danser.

OGER.

Dansons !

THEUDON.

Vite, Oger, une ronde !

OGER.

Mais je n'en connais plus, depuis la fin du monde !

BERTHA.

Je vous en prie.

OGER.

Allons !...

MAHAUT.

Voyez, qu'il obéit!
Ce serait grand pitié que le monde finît!

OGER, chantant.

Monsieur Sathanas nous convie
A déguerpir de cette vie :
　　Ma foi!
Il y fait bon pour le quart-d'heure;
Moi je m'y plais, et je demeure
　　Chez moi!

Monsieur Sathanas nous invite
A déjeuner dans sa marmite :
　　Merci!
Sa soupe est chaude et son feu grille;
Il vaut mieux dîner en famille
　　Ici!

THEUDON.

Oh! le diable est malin, mais il trouve son maître!

OGER.

Ce que nous chantons là le chagrine peut-être;
Tant pis! Il paraît donc s'ennuyer en enfer,
Qu'il veut avoir ce monde et régner au grand air!

MAHAUT.

Si ce monde lui plaît!

THEUDON.

Ma foi, chacun le nôtre!
Nous n'allons pas souvent le déranger dans l'autre!

MAHAUT.

Regarde-les, Theudon, ces pauvres amoureux :
Ne sont-ils pas jolis et mignons tous les deux?
Non! Dieu ne voudra point que je quitte la terre
Sans que ma fille un jour ne m'ait faite grand'mère!
Vous avez beau rougir : oh! je vous marierai!
Et d'autres nous viendront, et je les bercerai.

KARL.

Tiens, le Juif!

HELGAU.

Sus au Juif!

TOUS.

Vite à l'eau! vite! vite!

THEUDON.

Tu m'as toute la nuit traité d'Amalécite,
Et... Je n'ai pas le cœur de lui faire du mal!

OGER.

Chanaan te pardonne : entends-tu, Bélial?
Mais tu vas danser!

LE JUIF.

Non!

OGER.

Oui, pour ta pénitence!

THEUDON.

Si c'est le Juif-Errant, comment veux-tu qu'il danse?

MAHAUT.

Je veux t'embrasser, Juif!

LE JUIF.

Femme, retirez-vous!

OGER.

Eh bien! vieux mécréant! nous t'embrasserons tous!

BERTHA.

Que faites-vous, Oger? C'est le Juif qu'on embrasse!...

THEUDON.

Quand on est si content, que veux-tu qu'on y fasse?
J'embrasserais un chien s'il venait à passer!
Mais tu vas danser, Juif!

LE JUIF.

Eh bien! je vais danser!

OGER.

Monsieur Satan nous fait prière
De nous chauffer à sa chaudière :
Tout doux!
Je n'ai pas froid, ne lui déplaise!
J'attends l'hiver tout à mon aise
Chez nous!

MAHAUT.

Si le comte venait!

OGER.

Que voulez-vous qu'il dise?
N'a-t-il pas affranchi tout le monde à l'église?

THEUDON.

Nous sommes libres, tous, et pour l'éternité.

TOUS.

Noël!

THEUDON.

La liberté, femme! la liberté!
Dire qu'en travaillant nous aurons de la terre,
Que nous aurons du blé, des bœufs, une chaumière,
Tout enfin! Je suis libre, ah! libre comme un Roi!
Je n'en prends qu'à ma soif; Dieu seul me fait la loi!
Je vais, je viens, je dors, sans que nul me commande!
Je puis donner ma fille à qui me la demande,
Et si les curieux s'enquèrent du pourquoi,
Je leur réponds tout net que ma fille est à moi!
J'ai mes petits enfants qui prendront à ma guise
La cape ou le surplis sans qu'on y contredise;
Je suis mon maître, enfin! Je fais ma volonté;
Je vis! la liberté, femme! la liberté!

OGER.

Et moi, j'ai ma Bertha, j'ai ma douce promise!
Par un beau jour de mai je la mène à l'église,
Et me voilà content comme un sylphe des eaux
Qu'une ondine aux yeux bleus aime sous les roseaux.
Comme il faut à Bertha des coiffes de dentelles
Comme en ont au château les nobles damoiselles,
De manoir en manoir je m'en vais tout le jour
Dire chansons de geste et virelais d'amour,
Arthus, la Table-Ronde ou le grand Charlemagne;
Et quand j'ai longuement parcouru la campagne,
Si, le souper venu, la dame d'un seigneur
Me fait seoir auprès d'elle à sa table d'honneur,
Je dis en souriant dans le fond de mon âme:
« Oh! vous êtes bien belle et bien fraîche, madame;
Mais, brune châtelaine aux yeux tendres et doux,
J'en sais une plus belle et plus fraîche que vous! »
Je trouve à mon retour Bertha dans sa chaumière
Qui m'attend près de l'âtre en faisant sa prière,
Et je vais, à pas lents, dans son mince trésor
Glisser secrètement quelques beaux écus d'or;
Et tous deux au bon Dieu nous disons: Notre Père,
Pourquoi briser le monde et détruire la terre,
Quand toujours et partout vous pouvez, Monseigneur,
Au cœur de vos enfants mettre tant de bonheur!

LES MOINES, repassant.

Un ange vêtu de clarté
Leur dit: Il est ressuscité!

Le Seigneur est sur terre! —
Lors vint Jésus, courtois et doux,
Disant: — La paix soit avec vous,
Les bénis de mon père! —

Quand on l'apprit à saint Thomas:
— Vraiment, dit-il, je ne sais pas
Si c'est bien notre maître.
— Voici mon flanc, Thomas, voyez!
Voici mes mains, voici mes pieds:
Vous devez me connaître!

— Ah! dit Thomas en rougissant,
Je vous connais bien à présent,
Monseigneur, c'est vous-même!
— Heureux cent fois qui le croira!
Car le bon Dieu s'en souviendra,
Au jugement suprême.

FOULQUES, arrivant avec des hommes d'armes.

Taisez-vous, fainéants! taisez-vous, race immonde
Qui me parliez du diable et de la fin du monde!
Taisez-vous!... Je ne sais à quoi tient que mon fer
Ne vous fasse payer vos mensonges d'enfer!

LE PRIEUR.

Noble comte...

FOULQUES.

Monsieur le prieur, j'imagine
Que l'épaule d'un moine aime la discipline;
Vous n'avez qu'à parler et qu'à tendre le dos:
Mes piqueurs sont tout prêts à vous dire deux mots.

THEUDON.

Messire!

FOULQUES.

Quel es-tu, serf, et que veux-tu dire?
A genoux, avant tout!

THEUDON.

Pardonnez-moi, Messire;
Je suis libre...

FOULQUES.

Toi libre! Ah! tu penses, manant,
Que le monde finit tous les jours maintenant?
Hier était hier; le monde recommence;
Voici, devant ma porte, une belle potence

Dont votre fin du monde a respecté la hart,
Et qui peut, maître sot, vous servir tôt ou tard.
— Tiens, ta fille me plaît, et j'aurai besoin d'elle!
— Tu viendras au château demain matin, ma belle;
Je vais chez mon ami le comte de Nevers
Fêter la guérison de ce bon univers.
Tu seras, s'il te plaît, ma compagne de route...

OGER.

Comte, prenez mon sang, versez-le goutte à goutte,
Mais...

FOULQUES.

Toi, beau ménestrel, qui crois, sur mon honneur,
Qu'on épouse à présent sans l'aveu du seigneur,
Si tu veux par hasard épouser la potence,
Nous sommes prêts : — les bans sont publiés d'avance;
Mais je garde Bertha. Donc, joli troubadour,
Va conter aux forêts tes souffrances d'amour!

MAHAUT.

Mon cher comte...

FOULQUES.

Mes fils vont en pélerinage
Et veulent un mulet pour traîner leur bagage;
Votre petit Helgau pourra leur en servir:
Il est fort comme un chêne et grandit à ravir.

(Aux serfs.)

Vous, rentrez! et demain, sitôt l'aube levée,
Que notre sénéchal vous trouve à la corvée!

(Il sort.)

MAHAUT.

Mes enfants!

OGER.

Ma Bertha!

BERTHA.

Tout mon bonheur, hélas!

THEUDON.

Ma chère liberté!

LE PRIEUR.

Frères, ne pleurez pas!
Quoique votre chemin se hérisse d'épines,
Pourquoi désespérer des promesses divines,
Si vous pouvez encore, en cet âpre sentier,
Prier le doux enfant du pauvre charpentier,

Le Dieu des malheureux, le Dieu né dans l'étable,
Qui fait seoir le manant et le serf à sa table,
Et qui dans Nazareth a longtemps supporté
Le collier du servage et de la pauvreté;
Le Dieu compatissant qui vint sous la chaumière
Pour connaître à son tour les maux du populaire,
Et qui protège encor de sa céleste main
Ceux qui sont dans la peine ou qui cherchent du pain?
Allez, mes bonnes gens! allez dans vos ménages
Retrouver la misère et les rudes ouvrages;
Reprenez doucement votre fardeau d'hier;
Et si votre calice est parfois plus amer,
Regardez au chevet de votre lit de paille
Celui qui tend les bras sur la pauvre muraille,
Et qui, baissant le front, semble pencher sur vous
Son œil tout charitable aux regards longs et doux;
Priez-le qu'il vous aide à supporter sans peine
Le poids accoutumé de la souffrance humaine;
Et pour qu'il vous conduise au séjour de bonheur
Où Dieu ne connaîtra ni vassal, ni seigneur,
Conservez dans vos cœurs la féconde lumière,
L'évangile de paix qui rajeunit la terre,
Et tire lentement le monde épouvanté
Des chaînes de la force et de l'iniquité.

EUGÈNE MORDRET.

Paris, imprimerie de E. BRIÈRE, rue Sainte-Anne, 55.

Les Poètes contemporains (suite). — ERNEST PRAROND : Mélanges de Littérature et de Critique. — AD. DE PUIBUSQUE : La Littérature française au Canada. — RATHERY : Une Princesse allemande à la cour de France. — ERNEST RENAN : Histoire de la Littérature arabe, de M. de Hammer. — HENRY DE RIANCEY : Histoire de madame de Maintenon, de M. le duc de Noailles ; Histoire de Saint-Cyr, de M. Lavallée. — VIENNET, de l'Académie française : Essais de Littérature rétrospective et comparée (suite) ; les Six Femmes d'Henry VIII, de M. Empis. — VILLEMAIN, de l'Académie française : Etudes de Biographie : I. Le Ministre orateur ; II. l'Homme d'Etat éloquent. — HERSART DE LA VILLEMARQUE : Les Derniers Écrits d'Ozanam. — VITET, de l'Académie française : Etudes diverses.

HISTOIRE ET MÉMOIRES.

DE BARANTE, de l'Académie française : Etudes historiques. — ARMAND BASCHET : Nuremberg, son histoire, ses artistes. — A DE BEAUCHESNE : La Légende de sainte Notburga. — BERRYER, de l'Académie française : Souvenirs personnels. — Comte BEUGNOT : Mémoires inédits (suite). — E. DE BONNECHOSE : Portraits et scènes historiques. — Comte FRANCOIS DE BOURGOING : L'Almanach militaire de 1788. — Prince ALBERT DE BROGLIE. — Comte DE CHASTELLUX. — Duc DE CARAMAN, ancien ambassadeur : Mémoires inédits (suite). — Comte FRANTZ DE CHAMPAGNY : La Charité chrétienne aux quatre premiers siècles de l'Eglise (suite). — DE CHANTELAUZE : La Civilisation aztèque dans l'ancien Mexique. — ALPHONSE DANTIER : Les Couvents de l'Italie (suite) ; III. Les Monastères de la Cava et de Monte-Vergine, etc. — X. EYMA : Chroniques d'Outremer. — GUIZOT, de l'Académie française : Fragments de l'Histoire de France et Fragments de l'Histoire d'Angleterre. — Baron D'HAUSSEZ, ancien ministre : Fragments de Mémoires inédits. — G. DE LA LANDELLE : Légendes et traditions maritimes, depuis les temps les plus anciens jusqu'à nos jours. — Comte DE MARCELLUS, ancien ministre plénipotentiaire : Souvenirs diplomatiques. — Vicomte DE MEAUX : Un Publiciste au XVIe siècle. — Comte DE MONTALEMBERT, de l'Académie française : Etudes historiques sur le moyen-âge. — ALFRED NETTEMENT : Les grands règnes de l'Histoire de France (suite) : III. Charles VII. — Duc DE NOAILLES, de l'Académie française : Fragments de l'Histoire anecdotique du XVIIe siècle. — FELIX NOURRISSON : L'Oratoire et les Oratoriens. — PAULIN PARIS, de l'Institut : Vie anecdotique de François Ier. — H. DE RIANCEY : L'Accommodement entre le duc de Nemours et Henri IV (pièces inédites sur la fin de la Ligue). — CHARLES ROMEY : Malte et son histoire. — Comte DE SALVANDY, de l'Académie française : Les Quatre solitudes (suite). — DE VIDAILLAN : Histoire des Conseils du Roi (suite). — VILLEMAIN, de l'Académie française : Etudes sur les premiers siècles chrétiens (suite).

LITTÉRATURE FRANÇAISE ET ÉTRANGÈRE, ET HISTOIRE LITTÉRAIRE.

BONNEAU : Un Ennemi des Femmes au XVIe siècle. — PHILARETE CHASLES, professeur au Collége de France : Etudes sur les Littératures du nord : les Mémoires de Thomas Moore ; My-Novel, de Bulwer. — Comte ALBERT DE CIRCOURT : Les Hommes célèbres de l'Espagne : I. Le Marquis de Santillane. — GERMOND DE LA VIGNE : Les Romans picaresques de l'Espagne. — AUGUSTE DOZON : Essais sur les Contes indiens (suite). — EMPIS, de l'Académie française. — L. ETIENNE : Les Poètes contemporains de l'Angleterre (suite) : IV. Southey et son Ecole, etc. — LEON FEUGERE : Les Anciens auteurs français : III. Les Femmes poètes au XVIe siècle. — GARCIN DE TASSY, membre de l'Institut : Chants populaires des Hindous. — JULES JANIN : La Littérature romaine : I. Cicéron. — AUG. LACAUSSADE : La Poésie et les Poètes slaves. — LEON MASSON, ancien préfet : Les Essayists anglais. — EDELESTAND DU MERIL : De la Légende de Robert-le-Diable ; Histoire de la Comédie dans tous les temps et chez tous les peuples. — L. MOLAND : Etudes sur les Romans du Saint-Graal et de la Table-Ronde. — PATIN, de l'Académie française : De la Poésie épique chez les Romains au temps de César et d'Auguste (suite). — ADOLPHE DE PUIBUSQUE : Les Hommes célèbres de l'Espagne (suite). — RATHERY : De l'Influence de la Littérature anglaise sur la Littérature française au XVIIIe siècle. — FRANCIS WEY : Histoire littéraire (suite) : II. Le Père Bridaine ; III. Campistron, etc.

PHILOSOPHIE ET MORALE.

L'Abbé A. GRATRY : Mélanges de Philosophie et de Morale. — LERMINIER : Essais philosophiques (suite) : IV. De la Connaissance de Dieu, de M. A. Gratry, etc. — Le Père VENTURA : Philosophie chrétienne.

PHYSIOLOGIE ET SCIENCES NATURELLES.

Le Dr DES ETANGS : *Etudes physiologiques*. — J. A. DREOLLE : *Les Crocodiles*. — Le Dr E. FAIVRE : *Le Progrès des sciences et les Naturalistes modernes : Cuvier, Geoffroy Saint-Hilaire, Arago, de Humboldt, Berzelius*, etc. — PRISSE D'AVENNES : *Les Chevaux du Désert*.

POÉSIE.

ÉMILE AUGIER ; — JOSEPH AUTRAN ; — A. DE BEAUCHESNE ; — Marquis DE BELLOY ; — DE BORNIER ; — JULES CANONGE ; — AUG. LACAUSSADE ; — MERY : — E. MORDRET ; — Vicomte DE NUGENT, — JULES DE PREMARAY ; — PONSARD ; — J. REBOUL ; — EDOUARD WACKEN : *Poésies lyriques et dramatiques*.

ROMANS, NOUVELLES ET ŒUVRES DRAMATIQUES.

AMEDEE ACHARD : *Les Lilas blancs* (nouvelle). — Marquis DE BELLOY : *Un Proverbe* (en vers). — A. DE BERNARD : *Contes d'atelier* : III. *Siona* ; un *Roman*. — ALPHONSE DE CALONNE : *Philippe de Valois* (deuxième partie) ; *Jeanne de Divion*. — CASIMIR DAUMAS : *Une Nouvelle*. — PAUL FEVAL : *La Bourgeoise* (roman). — Comte F. DE GRAMMONT (nouvelle) : II. *Plus de Peur que de Mal*, etc. — LEON GOZLAN : *Souvenirs des Jardies* : II. *La première représentation de Vautrin ; la Clé de cristal* (roman). — EUGENE GUINOT : *Un Roman*. — Baron D'HAUSSEZ : *Nouvelles et Anecdotes de voyages*. — LEON LAYA : *La Gueule du Loup* (nouvelle). — G. DE LA LANDELLE : *Pierre de La Barbinais* (nouvelle maritime). — MERY : *Le Corsaire de l'Archipel* (roman). — ADELPHE NOUVILLE : *Château à vendre* (roman). — Comte ARMAND DE PONT-MARTIN : *Or et clinquant* (roman). — JULES DE PREMARAY : *La Femme du poète* (comédie en vers) ; *Une Nouvelle*. — Madame CHARLES REYBAUD : *Esquisses et Paysages*. — X. SAINTINE : *Une Nouvelle*. — EDM. TEXIER : *Miss Lucy* (nouvelle).

SCIENCES MÉCANIQUES, AGRICOLES ET INDUSTRIELLES.

ANDRE BOUCARD : *Bulletin scientifique* (tous les mois) ; *Histoire des Machines à vapeur*. — AMEDEE HENNEQUIN : *L'Agriculture et l'Industrie dans les Flandres*. — G. DE LA ROCHE-HERON : *Les Chemins de fer américains*.

VOYAGES ET GÉOGRAPHIE.

AGOSTINI DE HOSPEDALEZ, ancien ministre des affaires étrangères de la République de Vénézuéla : *La Colombie* (suite) : II. *Cisneros ou les Partisans de la Sierra*. — Baron DE BONNEFOUX, capitaine de vaisseau : *Esquisses maritimes*. — FRANCOIS DUCUING : *Lettres sur l'Afrique française*. — ALPHONSE DUNOYER, ancien consul à Jérusalem : *Souvenirs du Levant*. — LOUIS ENAULT : *Voyage aux îles Hébrides*. — X. EYMA : *Scènes indiennes* (suite). — EUGENE GUINOT : *Berlin ; Voyage dans le Tirol*. — EDMOND JOMARD : *Aventures de Voyages*. — FELIX DE LACOMBE : *Voyages dans le Far West*. — C. DE LA ROCHE-HERON : *Cuba*. — X. MARMIER : *Mœurs et Traditions russes*. — EUGENE PACINI, lieutenant de vaisseau : *Madagascar ; le Japon*. — HENRY DE PENE — PRISSE D'AVENNES : *Souvenirs d'Egypte* : II. — ADOLPHE DE PUIBUSQUE : *Le Canada ; les Explorateurs du passage au Nord-Ouest*. — DE SAULCY, de l'Institut : *Voyage en Grèce*. — Comte DE SERCEY, ancien ambassadeur : *La Perse en 1840* (suite). — TARDY DE MONTRAVEL, capitaine de vaisseau : *Exploration du fleuve des Amazones*. — R. THOMASSY : *Lettres d'Amérique*. — Le docteur M. YVAN : *Souvenirs de l'ambassade en Chine ; Canton*.

www.ingramcontent.com/pod-product-compliance
Lightning Source LLC
Chambersburg PA
CBHW060627050426
42451CB00012B/2462